**体育承载着国家强盛、民族振兴的梦想。体育强则中国强，国运兴则体育兴。要把发展体育工作摆上重要日程，精心谋划，狠抓落实，不断开创我国体育事业发展新局面，加快把我国建设成为体育强国。**

——2017 年 8 月 27 日，习近平在天津会见全国群众体育先进单位、先进个人代表等时强调

序言

## 百年体育　精彩记忆

体育承载着国家强盛、民族振兴的梦想，关乎人民幸福、民族未来。

百年砥砺奋进，百年春花秋实。中国共产党从成立之初就十分注重体育，薪火相传，100 年来，在伟大的革命和建设实践中，中国共产党紧紧团结和依靠全国人民，战胜无数艰难险阻，夺取了革命、建设、改革一个又一个伟大胜利，中华民族迎来了从站起来到富起来、强起来的伟大飞跃。体育强国梦是中国梦的一个缩影，中国共产党领导下的百年体育史是中国共产党光辉历程的见证。体育事业的发展也彰显了中国共产党“为中国人民谋幸福、为中华民族谋复兴”的初心使命。

2021 年是中国共产党成立 100 周年，是开启全面建设社会主义现代化国家新征程的开局之年，也恰逢中华人民共和国第十四届运动会（简称“十四运”）在陕西隆重举办。在这重要的历史节点，我们通过回顾中国共产党体育思想与体育实践百年发展，选取重大体育事件的精彩瞬间，用图集的形式展现中国共产党百年历程中体育事业发展的恢弘画卷，以此给建党百年献礼，给十四运添彩。

# 目录

# 1

# 红色耀体坛

（1921—1949）

中国是一个文明古国，具有悠久的体育文化传统。19 世纪末，近代体育由西方传入中国，丰富了中国人民体育活动的内容，但在半殖民地半封建社会的旧中国，政治的黑暗，经济的落后，使中国人民灾难深重，体育活动只局限在少数人范围内。

在西方列强耀武扬威的刺激下，中国的一些有识之士主张强国强种，尚武救国。洋务派本着“中学为体，西学为用”的指导思想，编练新军，兴办军事学堂，并聘请英美人士教练西洋体操，“体育”这个概念也在此时传入中国并开始被中国人认识和理解。

从中国共产党革命先驱的体育思想萌芽开始，到 1949 年中华人民共和国成立，这一时期的体育是服务于新民主主义革命，以劳苦大众为主体，革命性和群众性高度统一，具有为党的中心工作服务、为革命战争服务的鲜明特色。尤其是延安十三年，陕甘宁边区丰富多彩的体育活动，在中国革命史上留下了灿烂篇章。

★中国共产党成立前后，毛泽东、恽代英、李大钊、陈独秀等革命先驱，乘“新文化运动”之风、在“民主”与“科学”的旗帜下，主张通过改革传统教育向全社会倡言体育教育作为改善民族体质、重塑民族精神的积极意义。这些对唤醒中国民众体育权利意识具有重要影响，成为新民主主义体育兴起的理论基石。

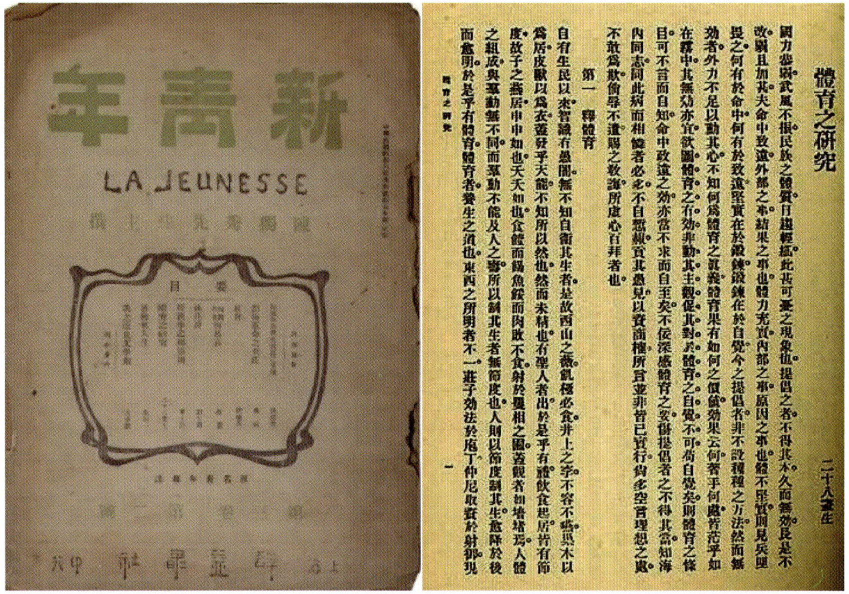


1917 年 4 月 1 日，毛泽东在《新青年》杂志上发表《体育之研究》。他提出：“体育者，人类自养其养生之道，使身体平均发达，而有规则次序之可言也。”提倡体育运动于个人而言可以“动以养生也”；对国家来说，可以“动以卫国也”。图为《新青年》杂志刊登“二十八画生”（即毛泽东）撰写的《体育之研究》。

李大钊

图为安源工人俱乐部遗址——牛角坡。

1922年5月1日，李大钊在《晨报·副刊》上发表的《五一纪念日对于现在中国劳动界的意义》一文，针对当时劳工体育娱乐的问题提出：社会要发展必须"动"，而人的身体要健康也要"动"。还提出设置公园运动场、俱乐部等。

1922年5月，安源工人俱乐部正式建立，刘少奇担任第一任俱乐部主任。这是中国共产党领导的最早红色体育组织，其机构完整、目的明确、组织有序，在中国共产党体育史上具有重要价值。

★土地革命战争时期，中国共产党在创建中国工农红军的同时，开辟了井冈山、中央、湘赣、陕甘等十多块革命根据地。这些革命根据地当时也称苏维埃区域（简称“苏区”）。苏区的学校体育、运动竞赛、体育组织等都得到了空前的发展。虽然当时物质条件较差，体育竞赛项目不多，但苏区军民仍然将体育与革命战争和政治任务结合起来，并取得了显著的成效，这在世界体育史上也是罕见的。

《青年实话》，团中央机关刊物，创刊于1931年7月1日，编辑部设在江西于都，总发行所在福建长汀。该刊物是联系革命青年的纽带，是青年的知心朋友，自始至终开设有体育专栏，承担组织、报道、宣传苏区体育的任务。

1932年，贺龙与红三军篮球队合影。

1932 年 9 月 4 日，国际青年节苏区共产儿童团在瑞金红军学校举行大检阅，其中有运动会、军事操演比赛和野外演习等活动。

1933 年 5 月 30 日—6 月 3 日，中华苏维埃共和国第一次体育运动大会（五卅运动大会）在江西瑞金召开。本次运动会共有 26 个单位 180 余名健儿参赛。比赛设有田径、篮球、排球、障碍、杠架等 18 个项目。图为足球比赛冠军红军学校足球队、亚军中央联合足球队合影。

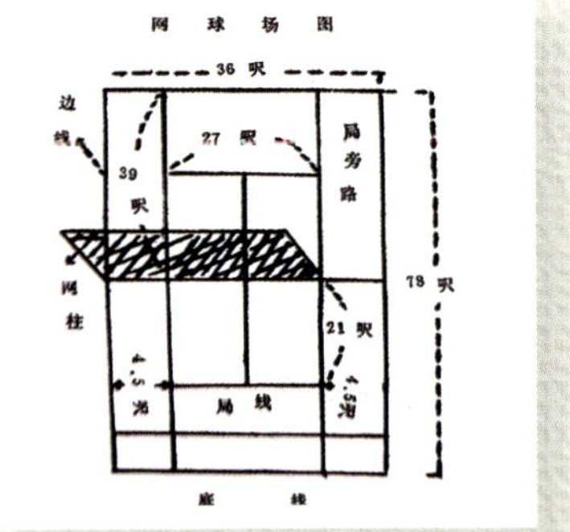


网球场图

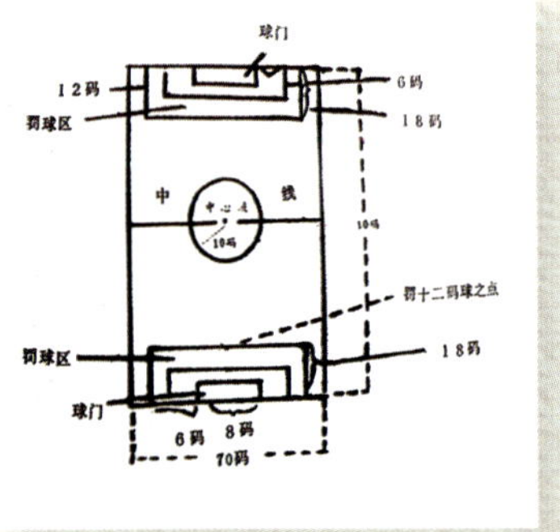


足球场图

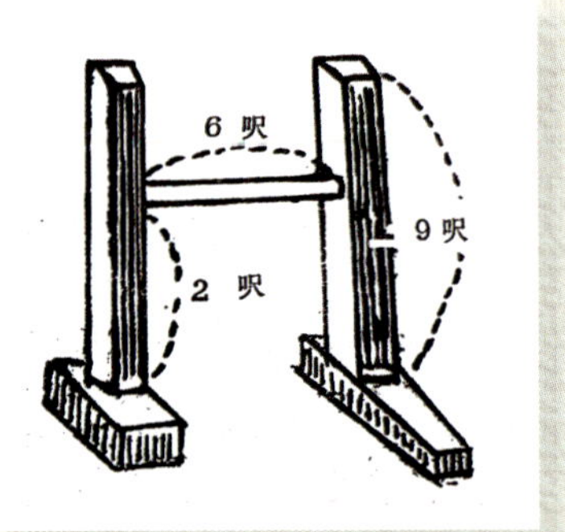


杠子图

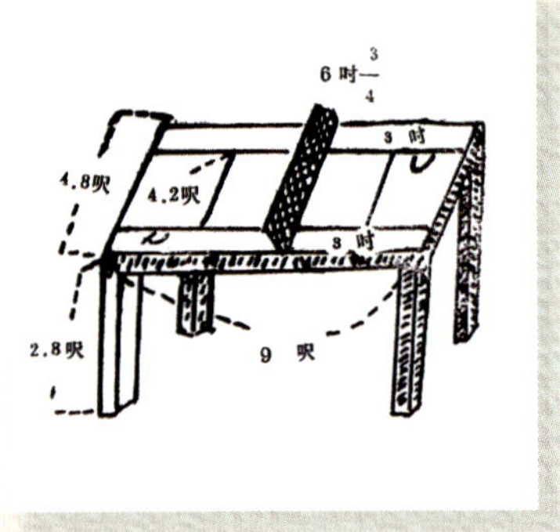


乒乓球桌图

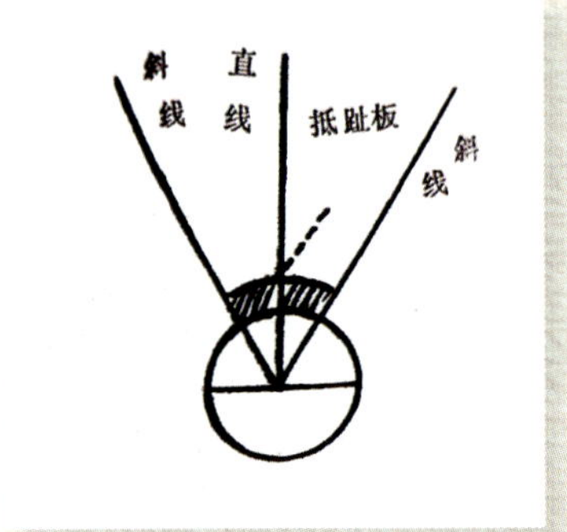


掷铁球图

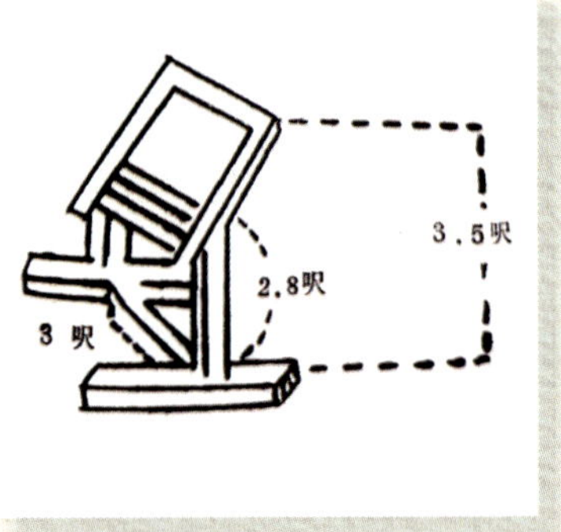


跳栏架图

1933年5月，中华苏维埃共和国少年先锋队中央总队部编印的《各种赤色体育规则》一书，内容有篮球场、足球场、网球场、排球场、乒乓球桌的设计，跳远、跳高、撑杆跳高场设计，铁球、标枪的制作，网球、乒乓球、篮球、田径规则等。

中華蘇維埃臨時中央政府
教育人民委員部頒布
蘇維埃教育法規

1934年5、6月间，中央教育人民委员部颁布的《苏维埃教育法规》在瑞金出版，全书约6万余字。这是一本教育法规文件大全，内容包括《小学课程与教育草案》《苏维埃共和国小学制度条例》《小学管理理论大纲》等，其中对学校的体育运动场地、运动器材以及体育教学方法等均有明确规定。

长征途中，在极端困难的条件下，红军为了锻炼身体，活跃部队生活，迎接新的战斗，结合练兵开展了形式多样、内容丰富的体育活动。1935年1月，为庆祝遵义会议胜利召开，红一方面军与遵义省立第三中学进行了一次篮球友谊比赛，充分体现了军民鱼水情。图为朱德总司令（左一）正在进行篮球友谊比赛。

★延安十三年期间，在中国共产党的领导下，陕甘宁边区等抗日革命根据地和解放区的广大军民继承了苏区体育的优良传统，全面推动群众体育、学校体育及军队体育活动的开展，丰富活跃了广大军民的文化生活。苏区体育呈现出紧扣革命、服务战斗，从实际出发、因地制宜，广泛的群众性、经常性等鲜明特色，培养了大批德、智、体全面发展的新型人才。在积累了丰富经验的同时，为新民主主义体育在新的历史时期的发展，为未来社会主义新中国体育事业的发展奠定了基础，也为中国革命的胜利作出了卓越贡献。

1937 年 5 月 1 日，陕甘宁边区五一运动会在延安东门外飞机场开幕，这是党中央进驻延安后举办的第一次大规模综合性运动比赛。大赛以田径为主，并进行了篮球、乒乓球、排球、足球等项目的比赛，同时穿插歌唱、拳术、体操等表演。图为单杠比赛。

1937 年 8 月 1 日— 6 日，陕甘宁边区八一抗战动员运动大会在延安举行。这次运动大会有两个明确目的：一是纪念中国工农红军建军十周年，二是为抗日战争做宣传动员。共计有 469 名运动员参加。图为八一抗战动员运动大会开幕式盛况。

1942年9月1日—7日，陕甘宁边区在延安举办九一扩大运动会，这是延安时期举行的规模最大、竞赛和表演项目最多的一次大型运动会，参赛运动员达1388人。当时，军事体育内容与军事训练直接相关，对提高战士身体素质和作战技能都有促进作用。比赛项目有篮球、排球、田径、游泳、刺杀、投弹、射击、爬山等。

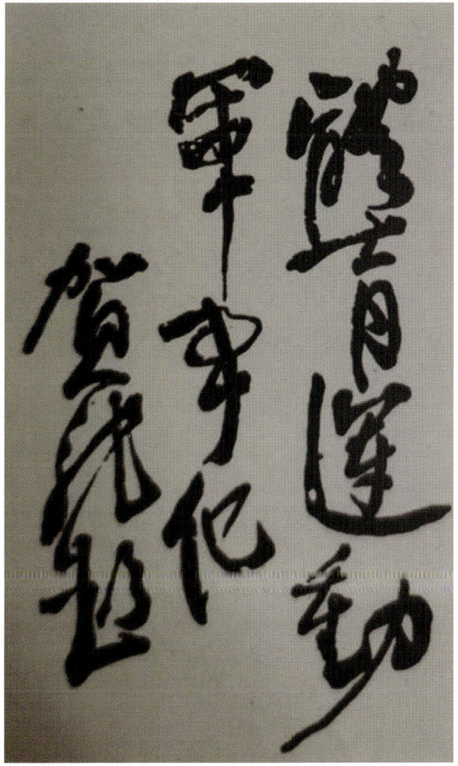

贺龙将军为大会题词“体育运动军事化”。

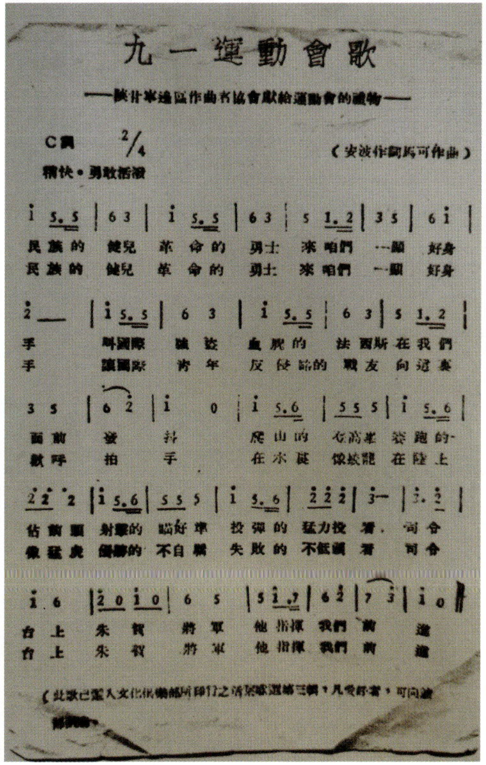


九一扩大运动会会歌——陕甘宁边区作曲者协会献给运动会的礼物。

延安九一扩大运动会女子 50 米赛跑。

延安九一扩大运动会 10000 米赛跑。

延安“飞鱼游泳团”开展游泳比赛。

延安大学的排球比赛。

陕甘宁边区八路军在进行门球活动。

军队指战员利用战斗间隙和休整时间，结合军事训练广泛开展各种体育活动，增强战士们的体质，提高部队的战斗力，成为陕甘宁边区体育运动的重要组成部分。图为延安部队进行过天桥练习。

延安中学学生在军训。

陕甘宁边区党政领导十分重视学校体育工作。图为延安保育院的孩子们在老师带领下做操。

陕甘宁边区广大军民为适应长期战争需要，实现健身、战斗、娱乐三结合，增强群众性体育活动的持久性和提高运动技术水平，各种体育组织应运而生，如陕甘宁边区青年俱乐部、延安体育委员会、延安新体育学会和陕甘宁边区体育委员会等。图为延安市文化俱乐部，是人们参加文化学习、进行文体活动的重要场所。

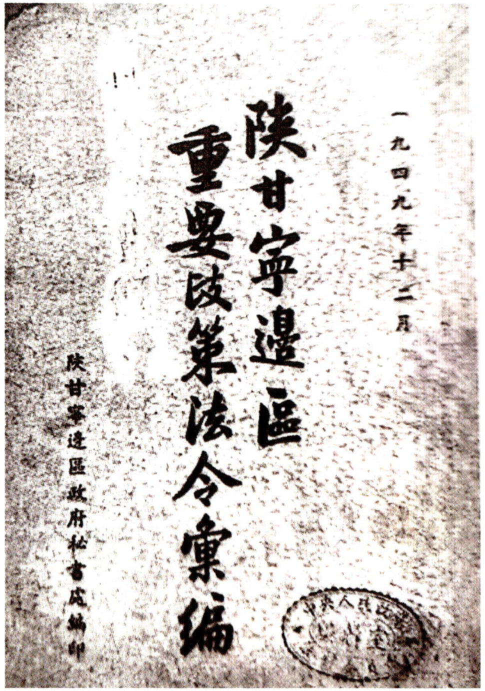


延安时期，由于历史条件的限制，单独的体育法规不多见，一般都是通过边区政府和边区教育厅在行文中公布的。诸如《陕甘宁边区抗战时期小学应加强军事化的通知》《陕甘宁边区抗战时期红色政府纲领》《关于开展工厂文教工作决议》《赤卫队训练教材》等。图为1949年12月，陕甘宁边区政府秘书处编印的《陕甘宁边区重要政策法令汇编》，收集的政府机构设置、文化教育等内容里有不少关于体育方面的法规。

1949年春，第一野战军战士刻苦练习杀敌技能，迎接新的战斗。图为战士在练习掷手榴弹技术。

1950年春，第四野战军在解放海南岛前夕，加强体育锻炼，增强身体素质。图为战士在练习过天桥。

★**大事记**

● 1924年8月，中华全国体育协进会正式成立，负责国内运动推广与区域性运动会等赛事，结束了外国人把持中国体育权的历史。

● 1933年6月3日，苏区体育运动的最高领导机构——中华苏维埃共和国赤色体育委员会在瑞金成立，负责组织和领导全苏区的赤色体育。

● 1934年6月30日，中央教育人民委员部印发《俱乐部的组织与工作》，规定开展的体育运动项目有军事体操、跳高、跳远、竞走、球类、打木棍等。

● 1936年9月5日，陕甘宁苏区俱乐部成立。大会决议共6条，其中第4条是“积极提倡运动，锻炼强壮身体。”

● 1940年5月4日，延安体育运动委员会成立，名誉会长李富春。

● 1941年8月28日，延安大学在泽东青年干部学校体育训练班基础上创办了体育系，开创了中国共产党培养体育专门人才的先例。

● 1942年9月6日，陕甘宁边区决定每年9月9日为体育节。

● 1945年12月，陕甘宁边区制定《陕甘宁边区战时教育方案》，强调加强学校体育教育课，增加军事训练，提高教员与学生的自卫能力。

# 2

# 体育为人民

（1949—1978）

中华人民共和国成立后，中国共产党高度重视体育工作，召开了全国体育工作者代表大会，提出“为人民的健康、新民主主义的建设和人民的国防而发展体育”的工作方针，成立体育运动委员会，领导全国体育事业发展。一个由体委统一领导、各部门具体实施，分工合作、高度集中的体育管理体制逐步建立，形成了国家办（体委）、部门办（各行业系统）、单位办（机关、企业、厂矿、学校）相结合的组织实施系统。

同时，建立健全各级政府管理体育的职能部门，担负起国家发展体育运动的责任；增加体育事业拨款，兴建体育场馆；广泛开展群众性体育活动，活跃广大人民群众的业余文化生活；组建优秀运动队，提高运动技术水平；发展体育科学技术，增添体育发展活力；创办体育报刊，加大体育宣传；建立体育学校，培养体育人才，等等；使中国体育事业在一穷二白的基础上有了较快发展。焕然一新的中国体育人像年轻的人民共和国一样，开始在世界体育舞台上崭露头角。

## ★群众体育

中华人民共和国成立初期，群众体育发展以强身为目的，为社会经济发展服务，发展方式体现出外延式、粗放式特点。20 世纪 50 年代后期到 70 年代，群众体育注重形式与规模，农村群众体育更加活跃。

1951 年 12 月 1 日，上海南洋模范中学的学生在做第一套广播体操。

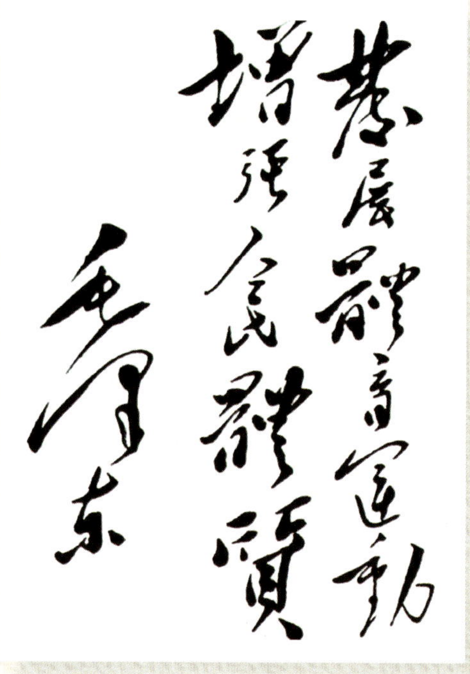


1952 年 6 月 20 日—24 日，中华全国体育总会在北京举行成立大会。毛泽东为大会题词“发展体育运动，增强人民体质”，进一步明确了我国体育事业发展的根本任务和方向。中华全国体育总会是中国成立最早、会员最多的群众性体育组织。

1978 年 1 月，新疆的维吾尔族和锡伯族儿童在天山脚下练习花样滑冰。

1965 年元旦，北京群众参加环城赛跑活动。

## ★竞技体育

中华人民共和国成立后，我国体育事业确立了“普及与提高相结合”总体思路，竞技体育既推动了群众体育的发展，又实现了自身的快速发展。在“缩短战线与保证重点”的战略方针引导下，竞技体育局部得以发展和突破。20 世纪 50 年代，航空、田径、游泳、举重、射击等 18 个项目中 39 人 31 次打破世界纪录。

1952 年 7 月 29 日—8 月 3 日，第十五届奥运会在芬兰赫尔辛基举行，五星红旗第一次飘扬在奥林匹克会场。

1953 年 8 月 9 日，中国游泳运动员吴传玉在罗马尼亚布加勒斯特举行的第一届国际青年友谊运动会 100 米仰泳决赛中，以 1 分 8 秒 4 的成绩荣获冠军，为中国夺得第一枚国际比赛的金牌，五星红旗第一次在国际体坛升起。图为吴传玉（中）在领奖。

1952 年 8 月 1 日—9 日，中国人民解放军第一届体育运动大会在北京举行。这是自 1927 年中国人民解放军建军以来规模空前的一次全军体育盛会。参加大会的有来自各大军区、各军种、兵种和直属单位的 1800 多名男女运动员。运动会共进行了 44 个项目的竞赛和 42 个项目的表演。一些运动员创造了全国最高纪录。图为运动会开幕式的入场仪式。

1955 年 10 月 2 日—9 日，第一届全国工人体育运动会在北京先农坛体育场隆重举行。147 名运动员参加此次运动会，共有 10 名运动员打破 4 项田径、2 项自行车、5 项举重的全国纪录，取得了显著成绩。图为运动员在比赛中。

1956年6月7日，陈镜开在上海市举行的中苏友谊举重赛中，以133公斤的成绩，打破了最轻量级挺举的世界纪录，成为我国第一个打破世界纪录的运动员，揭开了中国体育冲击世界纪录的第一页。图为陈镜开在比赛中。

1957年5月1日，在广州举行的庆祝五一国际劳动节游泳表演赛中，游泳运动员戚烈云以1分1秒6的成绩，创造了男子100米蛙泳世界纪录，成为中国第一位打破游泳世界纪录的运动员。

1957 年 11 月 17 日，20 岁的济南姑娘郑凤荣在北京田径运动会上跃过 1.77 米的高度，成为新中国第一位创造田径世界纪录的女运动员。

1965 年 4 月，在第二十八届世界乒乓球锦标赛女子团体决赛中，中国队战胜日本队，首次捧得考比伦杯。图为中国队教练容国团（右三）高举奖杯，向人们致意。

1971 年第三十一届世界乒乓球锦标赛在日本举行期间，由于一名美国选手“搭错车”的插曲，引发了一段世界外交史上的“乒乓外交”。中、美两国乒乓球队互邀访问。周恩来总理接见了访华的美国乒乓球队，打开了两国人民友好往来的大门，这在两国关系史上被誉为“乒乓外交”。图为 1971 年美国乒乓球代表团应邀访华，两国运动员比赛现场。

1975 年 5 月 27 日，中国 9 名登山运动员胜利登上珠穆朗玛峰，并首次测得珠峰 8848.13 米的岩面高度。创造了集体登上地球之巅人数最多的世界纪录，首创了女子从北坡登上世界最高峰的纪录。图为登顶后的运动员高举国旗俯瞰大地。

## ★大事记

●1949 年 9 月 29 日，中国人民政治协商会议第一届全体会议通过的《中国人民政治协商会议共同纲领》第 48 条规定“提倡国民体育”。

●1950 年 7 月 1 日，中国第一个全国性体育杂志——《新体育》创刊，毛泽东为杂志创刊号题写刊名。

●1950 年，中国迎来第一个外国体育代表团——苏联体育代表团。

●1951 年 11 月 24 日，教育部、国家体委等部门联合印发《关于推行第一套广播体操的通知》。

●1952 年 11 月，中央人民政府体育运动委员会成立（简称“中央体委”），并任命贺龙为主任。

●1954 年 9 月，根据《中华人民共和国宪法》和《中华人民共和国国务院组织法》，中央体委改称为中华人民共和国体育运动委员会（简称“国家体委”）。

●1954 年，中共中央批转的国家体委党组《关于加强人民体育运动工作的报告》中指出：“改善人民的健康现状增强人民体质是党的一项重要政治任务。”

●1956 年 3 月 23 日，国务院发布《体育运动委员会组织简则》。《简则》指出，中华人民共和国体育运动委员会在国务院领导下负责统一领导和监督全国的体育事业，发展体育运动。

●截至 1956 年底，中国先后加入了自行车、游泳、乒乓球、篮球、足球等 15 个国际单项体育组织。

●1958 年 8 月，因台湾制造“两个中国”的问题，我国中断与国际奥委会的关系。

● 1958 年 9 月，中共中央批转的国家体委党组《关于体育运动十年规划的报告》中指出：“体育运动的根本任务是增强人民体质，为劳动生产和国防建设服务。”

● 1958 年 10 月 25 日，国务院发布《劳动卫国体育制度》（简称“劳卫制”）。

● 1959 年 4 月 5 日，容国团在德国多特蒙德市举行的第二十五届世界乒乓球锦标赛男子单打决赛中击败匈牙利名将西多，夺得男子单打冠军。这是中国选手夺得的第一个世界冠军。

● 1960 年 3 月 14 日—18 日，国家体委在北京召开第一届全国体育科学工作会议，研究制定了我国第一部体育科学纲要。

● 1961 年 4 月 4 日—14 日，第二十六届世界乒乓球锦标赛在北京举行。是中华人民共和国成立以来举办的第一次世界大赛，中央政府在极其困难的条件下拨出专款新建了可容纳万人的工人体育馆。中国男队战胜日本队第一次获得男子团体冠军，庄则栋获得男子单打冠军，邱钟惠获得女子单打冠军，这也是中国人第一次夺得女子世界冠军。

● 1965 年 3 月 11 日，国家体委发布《青少年体育锻炼标准条例（草案）》和《青少年体育锻炼标准少年级、一级、二级项目标准（草案）》。

● 1975 年 5 月，国家体委发布《国家体育锻炼标准条例》，并在全国推广施行。

● 1978 年 3 月 5 日，中华人民共和国第五届全国人民代表大会第一次会议通过的《中华人民共和国宪法》第 13 条规定中指出：“使受教育者在德育、智育、体育几个方面都得到发展，成为有社会主义觉悟的有文化的劳动者。”

# 3

# 改革创新局

（1978—2012）

改革开放后，我国体育事业进入新的历史发展时期，重新回到国际体育大家庭中。全国体育工作会议，提出了竞技体育普及与提高相结合、侧重抓提高的发展方针，要求群众体育形成以社会为依托、以体育运动委员会为指导、主管部门主要负责的社会分工模式，并明确了党领导下的以群众为主体办体育的发展思路，打开了群众体育社会化改革的大门。全国体育工作会议完成了群众体育发展的大调整，也拉开了改革开放新时期群众体育事业的复兴大幕。

1980 年我国首次参加冬季奥运会。1984 年派出大型代表团参加了夏季奥运会，实现了奥运会金牌榜上“零”的突破。竞技体育在发展过程中逐渐形成了以奥运会为核心的奥运战略，制定和实施了奥运争光计划。1994 年，我国开启了中国足球职业化发展的历程，2000 年悉尼奥运会首次进入奥运金牌榜第一梯队。2008 年我国成功举办奥运会，首次位列金牌榜首。仅 24 年时间，竞技体育实现了跨越式发展，创造了世界竞技体育史上的奇迹。中华大地上掀起了体育热潮，体育魅力和社会影响力得到充分彰显。

## ★群众体育

体育改革突破高度依赖国家和行政手段的管理机制，开始探索国家调控、依托社会与市场经济相适应的群众管理机制。20 世纪 80 年代末，群众体育开始由单位向社区转变，开启了从“福利”转向“消费”的进程，实现了从单一政府行政向多元社会组织自愿的转型，群众体育与社会协调发展，主观能动性受到重视，全民健身相关产业结构逐渐完善。

咸阳市民在广场打腰鼓锻炼身体。

群众在健身长廊器材上锻炼身体。

喜爱运动的市民在打乒乓球。

西安市石川河市民们在进行舞龙表演。

企业员工工间操表演。

青少年足球和足球职业联赛是一个国家足球发展的两大基石。2009年，“中国青少年校园足球发展计划”拉开序幕，让更多孩子参与到足球运动中来，让热爱足球的孩子们都能找到属于自己的一方绿茵。图为少年足球队员在训练。

## ★竞技体育

这一时期，竞技体育的主要任务是“勇攀高峰，为国争光”。国家对竞技体育体制机制进行了积极探索，管理体制、竞赛训练体制、人才培养体制等方面的改革全面启动。20 世纪 90 年代，竞技体育呈现出了项目职业化、市场化的发展趋势，吸收了职业化改革的成果，大力提升竞技体育科学化、系统化和国际化水平，实施《奥运争光计划纲要》，竞技体育的国际竞争力实现历史性飞跃。

1980 年 2 月 13 日，中国队在美国普莱西德湖举行的第十三届冬奥会开幕式上入场。这是中国第一次参加冬奥会。

1986 年 9 月，中国队在捷克斯洛伐克举行的第十届世界女排锦标赛中，以八战八胜的佳绩，第五次夺得世界冠军。

## 洛杉矶奥运会

1984年7月28日—8月12日，第二十三届夏季奥运会在美国洛杉矶举行，这是中国第一次派大型代表团全面参加的奥运会。中国体育代表团共获得15枚金牌、8枚银牌、9枚铜牌，奖牌总数32枚，金牌和奖牌总数位居第四位，取得了具有历史意义的重大突破。

1984年7月28日，中国体育代表团在第二十三届奥运会开幕式上入场。

1984年7月29日，许海峰在第二十三届洛杉矶奥运会男子自选手枪慢射比赛中荣获冠军，夺得中国运动员在奥运会历史上的首枚金牌。图为许海峰在比赛中。

1986年10月5日，由蔡建明、李丰、余壮辉、郑晨（从左至右）组成的中国队在第十届亚运会男子4×100米接力决赛中，以39秒17的成绩获冠军，刷新了亚洲纪录，为中国队夺得第94枚金牌，使中国体育代表团获得的金牌总数名列榜首。

1987年5月24日，第五届世界羽毛球锦标赛在北京落幕，中国运动员囊括全部五项冠军。图为女子双打冠军的中国运动员林瑛（左）、关渭贞在比赛中。

## 北京亚运会

1990 年 9 月 22 日—10 月 7 日，第十一届亚洲运动会在我国北京举行，协办城市是秦皇岛。这是中国举办的第一次综合性的国际体育大赛，来自 37 个国家和地区的体育代表团 6578 人参加了这届亚运会。中国是本届亚运会获金牌和奖牌最多的国家，共获 341 枚奖牌，其中金牌 183 枚。

会　徽

吉祥物——熊猫盼盼

1990 年 8 月 7 日，负责采集第十一届亚运会圣火火种的 15 岁藏族姑娘达娃央宗将火种交给中国著名体操运动员李宁（右）。

1990 年 9 月 28 日，中国运动员林莉以 2 分 13 秒 81 的成绩打破女子 200 米仰泳亚洲纪录。本届运动会上林莉一人夺得 4 枚游泳金牌。

1996年7月28日，王军霞获第二十六届亚特兰大奥运会女子5000米金牌。图为王军霞夺冠后身披五星红旗向观众致意。

1998年1月7日—18日，第八届游泳世锦赛在澳大利亚珀斯举行，双人跳水正式进入比赛项目。图为获得男子双人10米跳台冠军的中国选手孙淑伟（右）、田亮（左）在领奖台上。

## 悉尼奥运会

2000 年 9 月 15 日—10 月 1 日，第二十七届夏季奥运会在澳大利亚悉尼举办。中国体育代表团共夺得 28 枚金牌、16 枚银牌和 15 枚铜牌，在金牌榜和奖牌榜上均排在第三位，首次进入奥运会金牌榜前三名，取得了历史性的突破。中国队共有 3 人 12 次创 8 项世界纪录，6 人 11 次创 11 项奥运会纪录，创下了参加历届奥运会金牌数和奖牌数的最高纪录。

2000 年 9 月 22 日，占旭刚获第二十七届奥运会举重男子 77 公斤级金牌。图为占旭刚在比赛后振臂欢呼。

2000 年 9 月 28 日，王丽萍获第二十七届悉尼奥运会女子 20 公里竞走金牌。图为王丽萍到达终点的瞬间。

2000 年 3 月 29 日，在法国尼斯举行的世界花样滑冰锦标赛上，中国选手申雪和赵宏博获得双人滑比赛亚军，这是他们连续第二次荣获世锦赛银牌。

2002 年 2 月 16 日，在美国盐湖城第十九届冬季奥运会短道速滑女子 500 米决赛中，中国选手杨扬夺得金牌，实现了中国在冬奥会上金牌“零”的突破。

## 雅典奥运会

2004年8月13日—29日，第二十八届夏季奥运会在希腊雅典举行。中国体育代表团共获得金牌32枚、银牌17枚、铜牌14枚，奖牌总数63枚，金牌位居第二位，奖牌总数位居第三位。

2004年8月14日，田亮、杨景辉获第二十八届奥运会跳水男子双人10米跳台金牌。图为田亮（前）、杨景辉在比赛中。

2004年8月27日，刘翔获得第二十八届奥运会男子110米栏金牌，打破奥运会纪录。两年后，刘翔以12秒88的成绩打破世界纪录。

## 北京奥运会

2008 年 8 月 8 日，第二十九届夏季奥运会在我国北京举行。主办城市是北京，协办城市是上海、天津、沈阳、秦皇岛、青岛，香港承办马术项目，204 个参赛国家及地区的 60000 多名运动员、教练员和官员参加。北京奥运会创造了 43 项新的世界纪录及 132 项新的奥运纪录，共有 87 个国家和地区在赛事中取得奖牌，中国以 51 枚金牌居金牌榜首位，是奥运历史上首个登上金牌榜首的亚洲国家。

会　徽

吉祥物——福娃

2008年8月12日，陈若琳（上）、王鑫在北京奥运会女子双人10米跳台比赛中。

2008年8月13日，秦凯在北京奥运会获跳水男子双人3米板冠军。

2008年8月23日，中国选手孟关良（前）、杨文军在北京奥运会皮划艇静水项目男子双人划艇500米决赛中，以1分41秒025的成绩获得冠军。

2008年8月23日，中国队队员在北京奥运会花样游泳集体自由自选决赛中，以97.500分的总成绩获得该项目季军。

## 广州亚运会

2010 年 11 月 12 日—11 月 27 日，第十六届亚洲运动会在我国广州举行，协办城市有汕尾、佛山和东莞。广州亚运会总共设置 42 个竞赛项目，是亚运会历史上比赛项目最多的一届，金牌总数达到 473 块，超过北京奥运会金牌总数，为历届亚运会之最。中国获奖牌总数 416 枚，其中金牌 199 枚，排名第一。

2010 年 11 月 16 日，在第十六届亚运会武术男子太极剑太极拳全能比赛中，来自陕西的运动员吴雅楠以 19.80 分的成绩获得金牌。图为吴雅楠在太极剑比赛中。

2010 年 11 月 22 日，在第十六届亚运会田径女子链球决赛中，张文秀以 72 米 84 的成绩夺冠，王峥以 68 米 17 的成绩获得亚军。图为张文秀（中）和王峥（左）在领奖台上。

2012 年 1 月 17 日，在因斯布鲁克冬季青年奥运会女子单人滑冰比赛中，李子君以总成绩 157.70 分获得季军。

2012 年 7 月 29 日，郭文珺在第三十届夏季奥运会女子 10 米气手枪决赛中，以 488.1 环的总成绩获得冠军。

## ★大事记

● 1979 年 10 月 25 日，国际奥委会通过了《名古屋决议》，恢复了中国奥委会在国际奥委会的合法权益，我国重新回到奥林匹克大家庭。

● 1984 年 10 月 5 日，中共中央印发《关于进一步发展体育运动的通知》， 确定了竞技体育优先发展的地位。

● 1986 年 4 月，国际奥委会主席萨马兰奇将奥林匹克杯授予中国奥委会，表彰我国政府对第三世界国家体育建设所作的贡献。

● 1992 年，红山口会议，确立了足球职业化改革方向，第一次正式提出，将把足球改革作为中国体育改革的突破口。

● 1993 年 5 月，国家体委发布《关于深化体育改革的意见》，为群众体育法制化、社会化发展提供了指导方向。

● 1995 年 6 月，国务院颁布实施《全民健身计划纲要》，这是我国发展全民健身事业的纲领性文件。

● 1995 年 10 月，《中华人民共和国体育法》颁布实施，规定“体育工作坚持以开展全民健身活动为基础”，标志着中国体育事业的发展步入了法制化、规范化、科学化的轨道。

● 1996 年，国家体委颁布实施《体育产业发展纲要》，明确了体育产业包括体育主体产业、体育相关产业、体办企业。

● 1998 年 3 月，根据第九届全国人民代表大会第一次会议通过的《国务院机构改革方案》，国家体委改组为国家体育总局。

● 2000 年 12 月 15 日，国家体育总局发布《2001—2010 年体育改革与发展纲要》，明确指出“坚持依法行政，依法治体，保障体育事业健康有序的运行”是 21 世纪我国体育改革发展的一项基本方针。

● 2001 年 7 月，在莫斯科召开的国际奥委会第 112 次会议上，北京以 56 票获得 2008 年奥运会举办权。

● 2002 年 7 月 22 日，中共中央、国务院印发《关于进一步加强和改进新时期体育工作的意见》。

● 2003 年，国家体育总局印发《高层次体育人才培养工作计划》。

● 2007 年 5 月 7 日，中共中央、国务院颁布《关于加强青少年体育增强青少年体质的意见》。

● 2009 年 8 月 30 日，国务院颁布《全民健身条例》，首次依法明确了公民的体育权利。提出科学、健康、文明的生活方式，全民推动群众体育与竞技体育协调发展，旨在全面提高国民体质和健康水平。

● 2009 年 10 月 1 日起施行的《全民健身条例》第十二条中规定，每年 8 月 8 日为全民健身日。

● 2010 年，国家体育总局设立青少年体育司，青少年体育工作得到进一步发展。

# 4

# 精彩新时代

（2012—2021）

党的十八大以来，以习近平同志为核心的党中央坚持以人民为中心的发展思想，推进了群众体育、竞技体育、体育产业及体育对外交往的全面协调发展。在习近平新时代中国特色社会主义思想指引下，体育事业融入“五位一体”总体布局和“四个全面”战略布局，将全民健身上升为国家战略，覆盖全体人民、突出重点的体育事业发展新机制逐步形成，社会力量办体育进一步发展；以备战奥运目标为重点，推动中国竞技体育改革；以推进体育供给侧结构性改革为重点，加快推进体育产业发展；提高体育产品供给能力，向社会和市场释放更多体育资源，激发民间资本投资体育的活力；实施“体育 +”行动，推动体育事业融合发展、迈上新台阶。新时代中国体育再一次展现辉煌，为中华民族伟大复兴提供了凝心聚气的强大精神力量！

## ★全民健身

党的十八大以来，以习近平同志为核心的党中央高度重视、殷切关注人民群众的身体健康，将全民健身作为全面建成小康社会的主要内涵，上升到国家战略的新高度，以国家长远发展为基点，以民族伟大复兴为目标，吹响了建设健康中国的时代号角。体育战线以习近平总书记重要论述为根本遵循，把“以人民为中心”作为发展体育事业的核心理念，广泛开展全民健身活动，加快推进体育强国建设，全民健身事业取得辉煌成就。

陕西省端午节龙舟赛，五支龙舟代表队参加500米角逐。

延安市民在宝塔山下起舞。

全民健身日小学生跳绳表演。

宝鸡市河滨公园晨练的群众。

石泉县少年儿童进行趣味篮球表演。

群众在照金国际滑雪场滑雪。

2021 年西安市马拉松赛跑者途经钟楼。

## ★竞技体育

党的十八大以来，中国竞技体育取得辉煌成绩。2014 年仁川亚运会，中国队连续第九次高居金牌榜首；2016 年里约奥运会，中国队连续 5 届奥运会跻身金牌榜前三，尤其是田径和游泳两个基础大项多次实现重大突破。中国成为国际体育舞台上具有强大竞争力的国家。体育这面镜子折射的是一个民族的精气神。伴随着一次次国旗升起、国歌奏响，中国体育不仅奏响了奋进的凯歌，更凝聚着力量，激扬了自信。

2014 年 2 月 13 日，中国选手张虹在索契冬奥会速度滑冰女子 1000 米比赛中，以 1 分 14 秒 02 的成绩夺得金牌，获得了中国队在冬奥会历史上第一枚速度滑冰金牌。

2015 年 5 月 17 日，林丹在广东东莞举行的苏迪曼杯世界羽毛球混合团体锦标赛决赛后跳起庆祝胜利。他在男单比赛中以 2∶0 战胜日本选手上田拓马。中国队最终以 3∶0 战胜日本队，获得六连冠。

## 里约热内卢奥运会

2016年8月5日—21日，第三十一届夏季奥运会在巴西里约热内卢举行，中国队体育代表团共获金牌26枚、银牌18枚、铜牌26枚，奖牌总数70枚，金牌和奖牌总数均位居第三。

陈若琳连续参加了北京、伦敦、里约三届奥运会，共获得5枚金牌。图为2016年8月10日，陈若琳（右）与搭档刘蕙瑕在里约奥运会女子双人10米台颁奖仪式上。

2016年8月13日，在里约奥运会羽毛球混合双打小组赛中，中国选手徐晨、马晋以2∶1战胜丹麦选手费舍尔·尼尔森、彼得森。

2019 年 4 月 27 日，在匈牙利布达佩斯举行的世界乒乓球锦标赛女单决赛中，中国选手刘诗雯以 4∶2 战胜队友陈梦，获得冠军。

2019 年 9 月 28 日，中国女排在大阪战胜塞尔维亚队，以十连胜的傲人战绩锁定女排世界杯冠军，夺得队史上第 10 个“世界三大赛”冠军。图为中国队球员提前锁定冠军后庆祝。

## 东京奥运会

2021年7月23日—8月8日，第三十二届奥运会在日本东京举办，我国代表团777人参加。共获得奖牌88枚，其中金牌38枚，银牌32枚，铜牌18枚，金牌数、奖牌数均位居第二。这次奥运会有四大亮点：夺金项目覆盖面拓宽，竞技体育人才厚度增强，多个项目创造纪录，老将新人均有优异表现。

2021年7月24日，在东京奥运会女子10米气步枪决赛中杨倩夺冠，赢得东京奥运会首枚金牌。图为杨倩在比赛中。

2021年8月1日，在东京奥运会男子100米半决赛中，苏炳添以9秒83的成绩成功闯入决赛并打破亚洲纪录，创造历史，成为中国首位闯入奥运男子百米决赛的运动员。图为苏炳添在比赛中。

2021 年 8 月 5 日，在东京奥运会跳水女子 10 米跳台决赛中，14 岁的小将全红婵获得该项目金牌。图为全红婵在比赛中。

2021 年 8 月 5 日，东京奥运乒乓球女团决赛，中国选手陈梦、孙颖莎和王曼昱气势如虹，力克日本选手夺得冠军，这也是奥运会国乒女团四连冠。图为中国队教练李隼（左二）、选手王曼昱（左一）、陈梦（右二）、孙颖莎（右一）庆祝胜利。

## ★大事记

● 2014 年 10 月 20 日，国务院印发《关于加快发展体育产业促进体育消费的若干意见》，体育产业成为国民经济发展的新亮点，成为经济转型升级的重要力量。

● 2014 年 11 月，国家体育总局颁布《奥运项目竞技体育后备人才培养中长期规划（2014—2024 年）》，为之后 10 年竞技体育人才的培养规划了蓝图。

● 2015 年 3 月，国务院印发《中国足球改革发展总体方案》，提出以足球为突破口深化体育管理体制改革。

● 2015 年 7 月，国际奥委会宣布北京获得 2022 年冬奥会举办权。随后，国家体育总局制定了《2022 年北京冬奥会人才工作规划》。

● 2016 年 10 月 25 日，中共中央、国务院颁布《“健康中国 2030”规划纲要》，就推进健康中国建设、提高人民健康水平作出具体规定。

● 2016 年，国务院印发《全民健身计划（2016—2020 年）》，阐述了全民健身在国家经济社会发展中的重要地位、目标及举措。

● 2016 年 3 月 28 日，国家体育总局出台《关于进一步加强国家体育产业基地建设工作的通知》，科学推动我国体育产业集群化发展。

● 2017 年 11 月，国家体育总局等印发《青少年体育活动促进计划》，落实全民健身国家战略。

● 2017 年 12 月，国家体育总局、教育部联合制订并印发《关于加强体育后备人才培养工作的指导意见》。

● 2018 年 12 月 21 日，国务院办公厅印发《关于加快发展体育竞赛表演产业的指导意见》。

● 2019 年 8 月 10 日，国务院办公厅印发《体育强国建设纲要》，部署推动体育强国建设，充分发挥体育在建设社会主义现代化强国征程中的重要作用。

● 2019 年 9 月 31 日，中共中央办公厅、国务院办公厅印发《关于以 2022 年北京冬奥会为契机大力发展冰雪运动的意见》，以冰雪产业发展带动冰雪运动。

● 2020 年 10 月 15 日，中共中央办公厅、国务院办公厅印发《关于全面加强和改进新时代学校体育工作的意见》。

● 2020 年 10 月 29 日，中国共产党第十九届中央委员会第五次全体会议通过《中共中央关于制定国民经济和社会发展第十四个五年规划和二〇三五年远景目标的建议》，明确到 2035 年建成体育强国、健康中国。

● 2021 年 7 月 18 日，国务院关于印发全民健身计划（2021—2025 年）的通知，提出了全民健身的总体要求、主要任务和保障措施。

# 5

# 全运强中华

（1959—2021）

中华人民共和国全国运动会（简称“全运会”），是国内规模最大、水平最高、影响最广的综合性体育盛会。1954 年，毛泽东主持召开中央政治局会议，讨论批准了中央体委党组提交的《关于加强人民体育运动工作的报告》，批示：“改善人民健康状况增强人民体质是党的一项重要政治任务。”党中央国务院为庆祝建国十周年，进一步推动我国体育运动，决定于 1959 年 9 月 13 日至 10 月 3 日在北京举办中华人民共和国第一届全国运动会。

纵观全运会的发展历程，它的每一步成长都伴随着国力的强盛和体育事业的进步；回顾全运会的精彩瞬间，它的每一个项目都是新中国竞技体育的“检阅场”和奥运会的“练兵场”，见证了中国体育从小到大，走向世界的辉煌历程，纪录了中华体育健儿顽强拼搏、为国争光的豪迈篇章。

2021 年第十四届全国运动会是在中国共产党建党 100 周年重要历史节点，在中华民族和中华文明的重要发祥地、中国革命圣地延安所在地陕西举办的一项重大标志性活动。半个多世纪以来，这是全运会第一次走进我国中西部地区，全运会和残特奥会首次同年同地举办。

陕西不负国家嘱托、人民期待，以办一届精彩圆满的体育盛会、民生盛会、文化盛会、发展盛会，向建党百年献礼，向时代致敬！

## ★第一届全运会

会 徽

**时间**：1959 年 9 月 13 日—10 月 3 日

**地点**：北京市

**参赛人员**：29 个代表团 10658 名体育健儿参赛

●新中国成立后的第一次全国性运动会，向世界展示了青春中国的自信、自立、自强。

●无线电发报、飞机跳伞等军事训练性质的比赛项目是本届运动会的主要内容之一。

●首次向体育运动员、教练员颁发体育运动荣誉奖章。

●破纪录情况：2 人 2 队 4 次打破世界纪录；64 人 844 次打破 106 个单项全国纪录。

第一届全运会开幕式。

会　徽

**时间**：1965 年 9 月 11 日—9 月 28 日

**地点**：北京市

**参赛人数**：29 个代表团 5922 名体育健儿参赛

●新兴力量运动会理事会和新兴力量运动会亚洲委员会的外国代表团出席开幕式。

●观众席上首次使用大型背景表演。

●破纪录情况：24 人 10 次打破 9 项世界纪录，330 人 469 次打破 130 项全国纪录。

第二届全运会开幕式。

会　徽

**时间**：1975 年 9 月 12 日—9 月 28 日

**地点**：北京市

**参赛人员**：31 个代表团 12497 名体育健儿参赛

●台湾地区代表团首次参加全运会。

●在全运会上首次提出“友谊第一，比赛第二”的口号。

●距离上届时间跨度最长的一届全运会。

●破纪录情况：1 队 4 人 6 次打破 3 项世界纪录，2 人 2 次平 2 项世界纪录，49 队 83 人 197 次打破 62 项全国纪录。

第三届全运会开幕式。

会　徽

**时间**：1979 年 9 月 15 日—9 月 30 日

**地点**：北京市

**参赛人员**： 31 个代表团 15189 名体育健儿参赛

●改革开放后的第一届全运会。

●首次加入了火炬传递环节。

●首次划分了成人组和少年组比赛。

● 16000 多人表演了团体操《新的长征》。

●破纪录情况：5 人 5 次打破 5 项世界纪录， 3 人 3 次平 3 项世界纪录， 36 队 204 人 376 次打破 102 项全国纪录。

第四届全运会开幕式。

## ★第五届全运会

会　徽

**时间**：1983年9月18日—10月1日

**地点**：上海市

**参赛人数**：31个代表团8943名体育健儿参赛

- 全运会历史上首次在北京以外的城市举行。
- 中国重返国际奥委会后的第一届全运会。
- 首次在运动会上设立“精神文明奖”。
- 首次有行业体育协会选送运动员参加比赛。
- 奥委会主席萨马兰奇等国际体育组织负责人参加了开幕式。
- 破纪录情况：2人3次打破2项世界纪录，7人12次打破9项亚洲记录，38队64人142次打破60项全国纪录。

第五届全运会开幕式。

## ★第六届全运会

会　徽

**时间**：1987 年 11 月 20 日—12 月 5 日

**地点**：广东省

**参赛人数**：37 个代表团 7228 名体育健儿参赛

●首次推出吉祥物“阳阳”，是中国体育史上第一个运动会吉祥物。

●首次有了会歌——《中华之光》。

●首次把商业机制引进体育比赛。

●首次采用奥运会项目和非奥运会项目不同的计分方法。

●为备战北京亚运会选拔人才。

●首次发行体育奖券。

●破纪录情况：10 人 2 队 17 次打破 15 项世界纪录，3 人 3 次平 3 项世界纪录，18 人 1 队 24 次打破 17 项亚洲纪录，10 人 14 次创 17 项亚洲纪录，28 人 39 次超 21 项亚洲纪录，85 人 14 队 168 次打破 82 项全国纪录。

第六届全运会开幕式。

## ★第七届全运会

会 徽

**时间**：1993 年 9 月 4 日—9 月 15 日

**地点**：北京市、四川省、河北省秦皇岛市

**参赛人数**： 45 个代表团 4228 名体育健儿参赛

●首次多个地区共同举办全运会。

●恰值中国申办 2000 年奥运冲刺阶段，向世界展示了中国组织大型综合性运动会的能力。

●一批奥运体育名将重回赛场，“冠军复出”成为一大亮点。

●破纪录情况：4 人 4 次创 4 项世界新纪录，18 人 4 队 43 次超 21 项世界纪录，4 人 4 次平 3 项世界纪录，54 人 1 队 93 次创 34 项亚洲新纪录，61 人 3 队 143 次超 66 项亚洲记录，130 人 14 队 273 次创 117 项全国新纪录。

第七届全运会开幕式。

会　徽

**时间**：1997 年 10 月 12 日—10 月 24 日

**地点**：上海市

**参赛人员**：46 个代表团 7647 名体育健儿参赛

●香港特别行政区代表团首次参加全运会。

●首次通过融资渠道完成部分场馆修建。

●破纪录情况：179 人 659 次超 41 项世界纪录，其中 16 人 19 次超 7 项奥运项目世界纪录；4 人 4 次平 3 项世界纪录；100 人 3 队 367 次超 55 项亚洲纪录；88 人 6 队 142 次创 66 项全国纪录。

第八届全运会主会场——上海体育场内景。

会　徽

**时间**：2001 年 11 月 11 日—11 月 25 日

**地点**：广东省广州市

**参赛人数**：45 个代表团 12314 名体育健儿参赛

●21 世纪第一个规模盛大的全国综合性体育盛会。

●首次采取拍卖冠杯、冠名、广告、电视转播权等形式，改变了历届全运会依靠政府投入和行政指令筹资的传统模式。

●首次实现各赛区的网络覆盖。

●国际奥委会主席雅克·罗格参加开幕式。

●破纪录情况：24 人 35 次超 7 项世界纪录，6 人 1 队 7 次创 6 项亚洲纪录，28 人 41 次超 9 项亚洲纪录，32 人 4 队 52 次创 37 项全国纪录。

第九届全运会开幕式。

会　徽

**时间**：2005 年 10 月 12 日—10 月 23 日

**地点**：江苏省南京市

**参赛人数**：46 个代表团 9986 名体育健儿参赛

●首次采用申办形式确定全运会承办单位。

●在项目设置上与奥运会全面接轨。

● 2008 年奥运会前最大一次练兵备战。

●破纪录情况：15 人 21 次超 6 项世界纪录，7 人 7 次平 6 项世界纪录，5 人 6 次创 5 项亚洲纪录，14 人 20 次超 5 项亚洲纪录，1 队 19 人 25 次创 19 项全国纪录。

第十届全运会开幕式。

会 徽

**时间**：2009 年 10 月 16 日—10 月 28 日

**地点**：山东省济南市

**参赛人数**：46 个代表团 12000 名体育健儿参赛

●首次设立全运村。

●首次设立全运会特许商品营销中心。

●举办新中国体育六十年辉煌成就展。

●破纪录情况：7 人 9 次创 5 项世界纪录，3 队 12 人 21 次创 16 项亚洲纪录，5 队 29 人 52 次创 39 项全国纪录，5 人 12 次创 8 项全国青年纪录。

第十一届全运会开幕式。

会 徽

**时间**：2013年8月31日—9月12日

**地点**：辽宁省沈阳市

**参赛人数**：33个代表团9000多名体育健儿参赛

- 中国特色社会主义进入新时代后第一届全运会。
- 改造改革、开创新风、提倡简朴、厉行节约。
- 全运会首次有了“形象大使”。
- 破纪录情况：3人4次4项打破亚洲纪录，8人9次7项打破全国纪录。

第十二届全运会开幕式。

会 徽

**时间**：2017 年 8 月 27 日—9 月 8 日

**地点**：天津市

**参赛人数**：38 个代表团 10217 名体育健儿参赛

●新增了群众比赛项目，让更多的普通群众在全运会赛场上展现风采。

●首次邀请华人华侨运动员参赛。

●首次推出了跨单位（省）组队参赛政策。

第十三届全运会开幕式。

**时间：** 2021 年 9 月 15 日—9 月 27 日

**地点：** 陕西省

会　徽

吉祥物（从左到右）：金金、羚羚、熊熊、朱朱。

西安奥体中心由“一场两馆”及室外配套运动场地组成。总用地 1089 亩，净用地 862 亩，总建筑面积 52 万平方米。

西安奥体中心体育场建筑面积 15.65 万平方米，座位数 60033 个，该项目以“丝路启航，盛世之花”为主题，建筑形态取意于石榴花。承担十四运开幕式、田径比赛项目。

赛事指挥和国际广播电视中心，占地面积约 57.93 亩，整体布局为 3 栋塔楼。承担着赛事的组织协调和信息处理等功能。

西安城市运动公园体育馆建筑面积 18054 平方米，设有座位数约 7500 个。承担十四运篮球（女子成年）比赛项目。

西安体育学院手球馆总建筑面积 34950 平方米，其中地上 32870 平方米，地下 2080 平方米，总座位数为 6567 个。承担十四运手球比赛项目。

商洛市公路自行车场地，赛道全长41公里，南起商州区夜村镇杨塬村312国道，途经商州区北宽坪镇，北至洛南县城关街道办事处唐村307省道。承担十四运公路自行车比赛项目。

渭南市大荔沙苑沙排场地占地面积100亩，主场地5445平方米，训练场、热身场8个，座位数2388个。承担十四运沙滩排球比赛项目。

延安大学体育馆，位于延安市新区延安大学校区内。乙级体育馆，总建筑面积 27520.55 平方米，体育馆建筑面积 20014.53 平方米，座位数 4060 个。承担十四运会乒乓球比赛项目。

咸阳奥体中心体育场，占地面积 318 亩、建筑面积 71646 平方米、室内场地面积 1157 平方米、室外场地面积 56000 平方米，座位数 38071 个。承担十四运足球（男子 U20）比赛项目。

杨凌网球中心，占地 142.24 亩，总建筑面积 3.5 万平方米。中心包括：一个约 4110 座的中央球场，一个约 1200 座的副主场。承担十四运网球比赛项目。

西北工业大学翱翔体育馆，占地面积约 30 亩，由主馆和副馆组成，主馆座位数 4912 个，副馆场地面积约为 2000 平方米。承担十四运排球（女子成年）比赛项目。

陕西射箭运动员备战残特奥会。

陕西女子手球队运动员备战十四运。

7 月 17 日，十四运会和残特奥会圣火采集仪式现场——延安市宝塔山星火广场。

# 后记

百年体育，强我中华。伴随着国家经济社会发展和现代化建设进程，中国体育事业从小到大、从弱到强，冲出国门、走向世界，充分彰显了中国共产党的卓越领导力，也充分展现了中华民族不甘落后、勇于拼搏的精神风貌。体育事业取得的历史性突破，积累的宝贵经验，为实现中华民族伟大复兴奠定了坚实基础。

回首百年光辉路，砥砺奋进正当时。中共十九届五中全会提出“到 2035 年建成体育强国”，明确了建设体育强国、健康中国的远景目标，擘画了“十四五”乃至更长时期体育事业发展的宏伟蓝图，为做好体育工作提供了根本遵循。步入新时代，踏上新征程，我们要在以习近平同志为核心的党中央坚强领导下，继承和弘扬中华体育精神，不断增强凝聚力、向心力和自信心，坚定不移走体育强国之路，以奋发有为的文化自信，创造中国体育辉煌的明天。

2021 年 8 月

图书在版编目（CIP）数据

百年体育 精彩记忆 / 中共陕西省委党史研究室，陕西日报社编．--西安：西安交通大学出版社，2021.8

ISBN 978-7-5693-2262-0

Ⅰ．①百… Ⅱ．①中… ②陕… Ⅲ．①体育事业—概况—中国 Ⅳ．①G812

中国版本图书馆 CIP 数据核字（2021）第 174951 号

书　　名　百年体育　精彩记忆
编　　者　中共陕西省委党史研究室　　陕西日报社

总 策 划　刘夏丽
策划编辑　贺彦峰
责任编辑　贺彦峰
责任校对　吴　桐

出版发行　西安交通大学出版社（西安市兴庆南路 1 号　邮政编码 710048）
电　　话　（029）82668357 82667874（发行中心）
　　　　　（029）82668315（总编办）
印　　刷　陕西天之缘真彩印刷有限公司

开　　本　787mm×1092mm　1/16　印张　7　字数　81 千字
版次印次　2021 年 8 月第 1 版　2021 年 8 月第 1 次印刷
书　　号　ISBN 978-7-5693-2262-0
定　　价　56.00 元